DEUTSCH 3. Klasse

Lernzielkontrollen

Susanne Schmitt

STARK

Bildnachweis
Umschlagbild: Katrin Merle
Schlange (S. 2): Katrin Merle
Rakete (S. 9): Marion Augenstein
Bildergeschichte (S. 32): Günther Einecke 1974/Grafik: Hans Bacher
restliche Illustrationen: Claudia Bichler

Autorin: Susanne Schmitt

www.stark-verlag.de
1. Auflage 2013

Liebe Eltern,

mit diesem Heft kann sich Ihr Kind optimal auf Deutsch-Tests in der 3. Klasse vorbereiten.

Die vorliegenden Lernzielkontrollen sind übersichtlich in die von den Kultusministerien festgelegten Kompetenzbereiche unterteilt: Sprache untersuchen (Grammatik), Leseverstehen, Rechtschreibung und Texte verfassen (Aufsätze). Zeitangaben, Punkteverteilung und Notenschlüssel unterstützen Sie und Ihr Kind bei einer realistischen Bewertung und Selbsteinschätzung.

Die für die Rechtschreibtests benötigten Diktate können Sie mit Ihrem Kind auf der Plattform MyStark als MP3-Dateien downloaden und abspielen.

Zur Kontrolle aller Aufgaben finden Sie im herausnehmbaren Lösungsheft schülergerechte Lösungen sowie für den Bereich Texte verfassen ausformulierte Musteraufsätze und praktische Bewertungsbögen.

Ich wünsche Ihrem Kind und Ihnen viel Erfolg beim Üben – und viel Freude mit den beiliegenden Belohnungsstickern!

S. Schmitt

Susanne Schmitt

Inhaltsverzeichnis

Lernzielkontrolle 1

Sprache untersuchen/Wiederholung des Stoffs der 2. Klasse:
Nomen (Namenwörter) im Plural (Mehrzahl) erkennen; Verben (Tunwörter) in die Grundform (Infinitiv) setzen; Wortarten bestimmen, umwandeln und zuordnen; Wortgrenzen erkennen
Zeit: ca. 45 Minuten

1 Erkennst du die Wortarten?
Kreise mit der richtigen Farbe ein: Nomen (Namenwörter) blau, Verben (Tunwörter) rot, Adjektive (Wiewörter) grün. /8

ANFANGEN SCHRECKLICH HUNGER SCHNELL

HUNGRIG ANFANG LUSTIG ERSCHRECKEN

TIEF VERDURSTEN LIEBE VERTIEFEN

LIEBEN SCHRECK VERLIEBEN GENUSS

2 Es gibt Nomen (Namenwörter), die etwas beschreiben, was man weder anfassen noch sehen kann. Unterstreiche diese Wörter blau.
Denke dir dann noch ein weiteres Beispiel aus und schreibe es auf die Zeile. /5

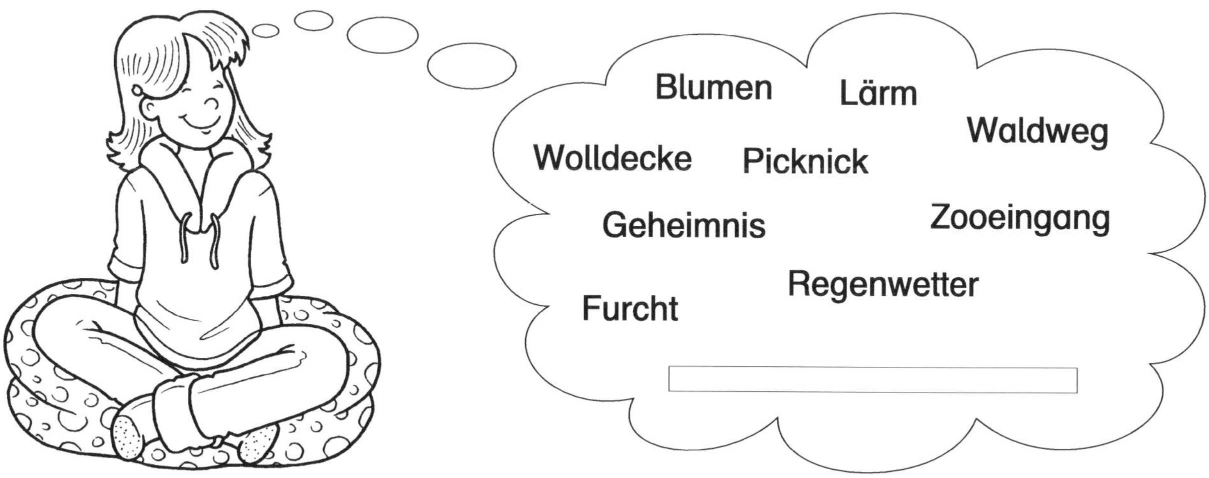

Wie heißen diese besonderen Nomen (Namenwörter)?

3 Nomen (Namenwörter) können im Singular (Einzahl) und im Plural (Mehrzahl) stehen. Male alle Felder mit Pluralwörtern hellblau aus. /4

Wald	Ameisen	Tanne	Rehe	Farn	Flüsse
Fluss	Asseln	Fuchs	Lerche	Wälder	Pilz
Ameise	Sträucher	Reh	Wildschweine	Assel	Tannen

4 Diese Schlange hat zwei Sätze verschluckt. Trenne die Wörter mit Bleistift und schreibe sie mit der richtigen Groß- und Kleinschreibung in die Zeilen darunter. /7

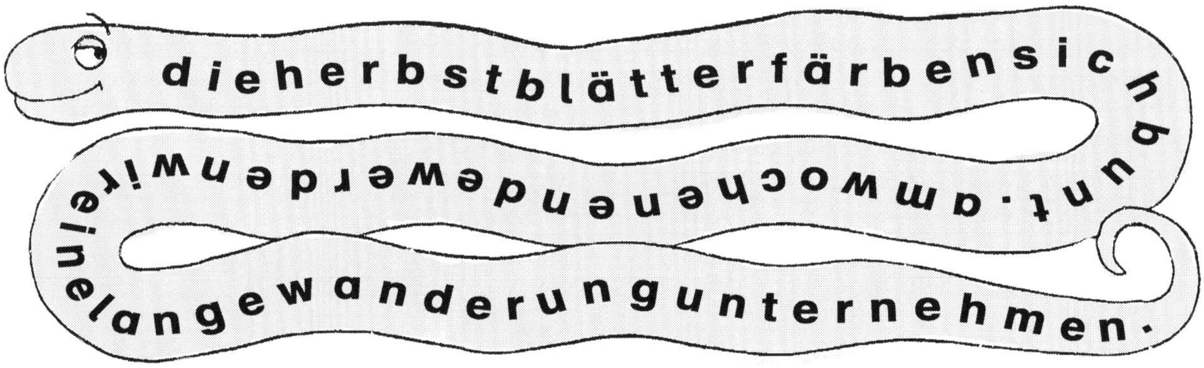

5 Bilde aus folgenden Wörtern zusammengesetzte Nomen (Namenwörter) mit Artikel (Begleiter). /4

schießen + Gewehr:

Jäger + Hut:

Jacke + Regen:

Hund + Leine:

6 Ordne die zusammengesetzten Nomen (Namenwörter) richtig ein:

Grünspecht Eisvogel Rehkitz Springbock Spitzmaus Erdkröte /6

Nomen + Nomen
(Namenwort + Namenwort)

Adjektiv + Nomen
(Wiewort + Namenwort)

Verb + Nomen
(Tunwort + Namenwort)

7 Löse die Wortartenrätsel. /3

Man schreibt mich klein. Ich kann auch in der Vergangenheit stehen.

Ich bin ein

Damit ich nicht so einsam bin, habe ich einen Begleiter.

Man schreibt mich klein. Ich beschreibe gerne, wie etwas ist.

8 Bilde aus den Wörtern Nomen (Namenwörter) mit bestimmtem Artikel (Begleiter). /3

wandern →

ruhig →

suchen →

9 Schreibe die Grundform (Infinitiv) der unterstrichenen Wörter auf. /4

Lukas <u>spaziert</u> mit Marie durch den Wald. ____________________

Plötzlich <u>entdeckt</u> er einen Wegweiser. ____________________

Er <u>zeigt</u> ihn sofort Marie. ____________________

Sie <u>schlägt vor</u>, dem Pfeil zu folgen. ____________________

Notenschlüssel:

1	2	3	4	5	6
44–41	40–36	35–29	28–19	18–13	12–0

Ich habe __________ Minuten gebraucht.

Ich habe __________ Punkte erreicht.

Note: __________

Lernzielkontrolle 2

Sprache untersuchen:
Wortarten bestimmen; Wortfelder erkennen, ergänzen und erklären; wörtliche Rede und Redebegleitsätze erkennen sowie Sätze damit bilden und Satzzeichen einsetzen

Zeit: ca. 40 Minuten

1 Lies dir die folgenden zwei Sätze genau durch.

Beim Weihnachtskonzert unserer Schule habe ich einen kleinen Musikauftritt mit meiner Gitarre. Dafür übe ich nun fleißig jeden Tag.

a Unterstreiche darin alle Nomen (Namenwörter) blau, alle Verben (Tunwörter) rot und alle Adjektive (Wiewörter) grün. /4,5

b Aus welchen Wortarten sind die folgenden Wörter aus dem Text zusammengesetzt? /2

Weihnachtskonzert ____________________

Musikauftritt ____________________

2 Jetzt geht es um Wortfelder.

a Was ist ein Wortfeld? Erkläre verständlich und in einem ganzen Satz. /1,5

____

____

b Finde Wörter für **sagen**, die besser zu den Bildern passen. /2

____________________ ____________________

3 In jedem Kasten gehört ein Wort nicht zum Wortfeld. Streiche es durch.
Schreibe dann neben den Kasten, zu welchem Wortfeld die anderen Wörter gehören. /6

gucken blinzeln gaffen schluchzen glotzen erspähen	____________
einnicken dösen schlummern nächtigen pennen aufstehen	____________
flattern stolpern hasten eilen stürmen stürzen rasen	____________

4 Verbinde mit verschiedenen Farben, was am besten zusammenpasst. /2

hauchen	vieles auf einmal sagen wollen
widersprechen	sehr leise sprechen
kreischen	anderer Meinung sein
lossprudeln	sehr laut und mit hoher Stimme schreien

5 Setze passende Verben (Tunwörter) aus dem Wortfeld **gehen** ein.
Verwende jedes Verb nur einmal! /6

Die Sonne scheint und Laura und ihre Freundin Julia spielen im Park.

Lachend ____________ sie auf einem Bein, ____________ über einen alten Baumstamm, der auf der Wiese liegt, und entdecken dabei zwei Enten, die gemütlich den Weg entlang____________.

Später kommt auch Max zu Laura und Julia. Er trägt einen Picknickkorb bei sich und ____________, weil er sich gestern beim Fußballtraining verletzt hat.

Schnell ____________ die Mädchen zu ihm, um ihm zu helfen.

Mit einem Wett____________ wird das heute wohl nichts!

6 Unterstreiche die wörtliche Rede orange, den Redebegleitsatz blau.
Setze dann die fehlenden Satzzeichen (auch die Anführungszeichen!) richtig ein. /6

Stefan sagt Heute bin ich glücklich.

Warum? fragt die Mutter.

Ich habe eine Zwei in Mathe antwortet er.

Da ruft seine Mutter Das ist ja super! Jetzt bin ich auch glücklich!

7 Ergänze die Sätze mit treffenden Wörtern aus dem Wortfeld **sehen**. /5

Leon ______________________ die Vögel durch ein Fernglas.

Die Katze liegt faul im Garten und ______________________ in die Sonne.

Die Seefahrer ______________________ eine einsame Insel.

Familie Baumann ______________________ eine neue Wohnung.

Lydia ______________________ das Bild fasziniert.

8 Schreibe den Witz mit wörtlichen Reden auf. /6
Schreibe dabei einen vorangestellten Redebegleitsatz und zwei nachgestellte Redebegleitsätze.
Benutze Wörter aus dem Wortfeld **sagen**.

Notenschlüssel:

1	2	3	4	5	6
41–38	37–33	32–27	26–19	18–11	10–0

Ich habe ________ Minuten gebraucht.

Ich habe ________ Punkte erreicht.

Note: ________

Lernzielkontrolle 3

Sprache untersuchen:
passende Pronomen (Fürwörter) sowie Satzglieder finden und bestimmen; Satzarten erkennen und passende Satzzeichen einsetzen; Zeitstufen bilden, erkennen und umwandeln

Zeit: ca. 50 Minuten

1 Setze die Verben (Tunwörter) in Klammern ins Präteritum (1. Vergangenheit). /5

Jonas (besucht) ____________________ mit seinen Freunden ein **Planetarium**.
Endlich (beginnt) ____________________ die Vorstellung, die Lichter am
Sternenhimmel (gehen) ____________________ an.
Simon (erkennt) ____________________ eines der **Sternbilder** sofort und
(ruft) ____________________ begeistert: „Dort, seht ihr den Großen Wagen?“

2 Ersetze die dick gedruckten Wörter aus Aufgabe 1 durch passende Pronomen (Fürwörter).
Um welche Person im Singular (Einzahl) oder Plural (Mehrzahl) handelt es sich dabei? /3

Pronomen (Fürwort) für **Jonas**	Welche Person im Singular (Einzahl) oder Plural (Mehrzahl)?
____________________	____________________

Pronomen für **Planetarium**	Welche Person im Singular oder Plural?
____________________	____________________

Pronomen für **Sternbilder**	Welche Person im Singular oder Plural?
____________________	____________________

3 Suche im folgenden Satz das Subjekt (Satzgegenstand) und unterstreiche es blau.
Suche dann das Prädikat (Satzaussage) und unterstreiche es rot. /2

Mit seinen Freunden besucht Jonas ein Planetarium.

A B C D E

4 Kreise die einzelnen Satzglieder ein. /2

Simon erkennt eines der Sternbilder sofort.

5 Bilde mit den Wörtern jeweils einen sinnvollen Satz in den vorgegebenen Zeitstufen. /4

drehen
Erde
langsam

Präsens (Gegenwart): ______

Perfekt (2. Vergangenheit): ______

______

Astronaut
Weltall
schweben

Präsens (Gegenwart): ______

Perfekt (2. Vergangenheit): ______

______

6 In welcher Zeit stehen die Sätze?
Male die Kreise in der richtigen Farbe an: Präsens (Gegenwart) gelb, Präteritum (1. Vergangenheit) grün und Perfekt (2. Vergangenheit) blau. /6

Viele Planeten umkreisen die Sonne. ◯

Das Raumschiff ist zum Mond gestartet. ◯

Im Weltall herrschte eine unsägliche Kälte. ◯

Das Erforschen des Universums ist eine interessante Aufgabe. ◯

Die Milchstraße hat die Menschen schon vor Tausenden von Jahren beschäftigt ◯, lange bevor es Raumschiffe überhaupt gab. ◯

7 Ergänze die Tabelle. Achte auch auf die Rechtschreibung der Wörter! /6

Grundform (Infinitiv)	**Präteritum** (1. Vergangenheit)	**Perfekt** (2. Vergangenheit)
fliegen	ich	ich
	er las	er
gießen	wir	
		sie haben gepfiffen
	ihr schlugt	
		du bist gestiegen

8 Welche Zeit passt? Setze sie in die Lücken ein. /2

Berichten wir einander ein Erlebnis aus der Vergangenheit, so verwenden wir:

a beim **mündlichen** Erzählen meist ______________________

b beim **Schreiben** meist ______________________

9 Schreibe den folgenden Text einmal im Präteritum (1. Vergangenheit) und einmal im Perfekt (2. Vergangenheit) auf.
(Tipp: Suche dir die Verben/Tunwörter vorher heraus und markiere sie.) /8

Sonnensysteme fliegen im Universum in riesigen Galaxien umher. Unsere Heimatgalaxie ist die Milchstraße. Im Zentrum unseres Sonnensystems befindet sich natürlich die Sonne. Um sie herum kreisen acht Planeten.

Präteritum (1. Vergangenheit):

____

____

____

____

____

____

Perfekt (2. Vergangenheit):

____

____

____

____

____

____

10 Verbinde richtig und setze die richtigen Satzzeichen ein. /5

Der Saturn sieht aber toll aus ___

Der Pluto wurde bis vor ein paar Jahren auch noch als Planet bezeichnet ___

Heute stuft man ihn als Zwergplaneten ein ___

Wie alt ist denn unser Sonnensystem ___
Man schätzt das Alter auf viereinhalb Milliarden Jahre.

Lasst uns bald wieder ins Planetarium gehen ___

Aussagesatz

Fragesatz

Ausrufesatz

Aufforderungssatz

Notenschlüssel:

1	2	3	4	5	6
43–40	39–35	34–28	27–18	17–12	11–0

Ich habe __________ Minuten gebraucht.

Ich habe __________ Punkte erreicht.

Note: __________

Lernzielkontrolle 4

Sprache untersuchen: mithilfe von Vorsilben Gegenteile bilden; passende Prädikate (Satzaussagen) finden; Satzglieder finden und umstellen; Wortarten mithilfe von Vor- und Nachsilben umwandeln; Wortstamm sowie Zusammenhang zwischen Nachsilben und Wortart erkennen
Zeit: ca. 50 Minuten

1 Kreise in den folgenden Sätzen die Satzglieder richtig ein.
(Tipp: Wenn du dir unsicher bist, mache die Umstellprobe.) /5

In Ägypten sieht man viele Pyramiden.

Sand weht in mein Gesicht.

Ein Kamelritt wird unserer Reisegruppe angeboten.

Beim Reiten ist man der König der Wüste.

Hast du die beeindruckende Statue der Sphinx schon gesehen?

2 Stelle jeden der in Aufgabe 1 dick gedruckten Sätze einmal schriftlich um. /3

3 Schreibe ein passendes Prädikat (Satzaussage) in die Lücken.
Denke daran: Es gibt auch zweiteilige Prädikate! /5

Ägypten ist ein Land, das im Nordosten von Afrika ____________________.

Die Menschen, die dort ____________________, nennt man Ägypter.

Schon vor ungefähr 8 000 Jahren ____________________ sich Menschen

entlang des Nils ____________________.

Der Nil ____________________ der längste Fluss der Erde.

4 Unterstreiche in den folgenden Sätzen das Subjekt (Satzgegenstand) blau. /5

Der Rest von Ägypten besteht fast nur aus staubiger, heißer Wüste.

Deshalb bauten die Menschen ihre Dörfer und Städte an den Ufern des Nils.

Doch jedes Jahr im Frühling regnet es mehrere Wochen lang in Teilen Afrikas.

Dadurch entstehen starke Überschwemmungen.

Dann tritt der Nil über seine Ufer.

5 Kürze folgende Sätze, sodass sie nur noch aus zwei Satzgliedern bestehen:
aus Subjekt (Satzgegenstand) und Prädikat (Satzaussage). /4

Nach so einer Überschwemmung sinkt der Wasserspiegel wieder ab.

Entlang des Flussufers lagert sich dann viel fruchtbarer Schlamm ab.

6 Bilde mit dem Verb (Tunwort) **laufen** vier neue Wörter, indem du Vorsilben verwendest. /2

7 Suche das Gegenteil.
Verwende dabei immer ein Wort mit Vorsilbe. /2

weglaufen –

zuhören –

ankommen –

aufsteigen –

8 Überlege, welche Nachsilben für die folgenden Regeln infrage kommen, und fülle die Lücken mit Beispielen. /2

Wörter mit den Nachsilben ___________, ___________, ___________ sind **Nomen** (Namenwörter).

Wörter mit den Nachsilben ___________, ___________, ___________ sind **Adjektive** (Wiewörter).

9 Bilde mit Vor- oder Nachsilben eine andere Wortart aus der gleichen Wortfamilie.
Kreise die Vor- und Nachsilben jeweils ein.
Schreibe bei Nomen (Namenwörtern) die Artikel (Begleiter) dazu. /3

bauen – ___________

das Glück – ___________

lieb – ___________

10 Kennzeiche den Wortstamm farbig.
Schreibe dann je zwei weitere Wörter aus derselben Wortfamilie auf. /3

abfahren – ___________

das Reiten – ___________

bedient – ___________

Notenschlüssel:

1	2	3	4	5	6
34–32	31–27	26–22	21–16	15–10	9–0

Ich habe ___________ Minuten gebraucht.

Ich habe ___________ Punkte erreicht.

Note: ___________

Lernzielkontrolle 5

Leseverstehen:
einen literarischen Text lesen; Informationen gezielt entnehmen, erschließen und in eigenen Worten wiedergeben; Unterschiede und Gemeinsamkeiten in Sätzen finden

Zeit: ca. 45 Minuten

Der Hirsch

„Lasst uns doch heute nach dem Mittagessen noch eine schöne Runde spazieren gehen!“, schlägt Papa Georg an einem Sonntagmorgen vor. Thomas freut sich, denn zusammen mit der Familie macht ihm das gemeinsame Laufen besonderen Spaß.

„Au ja, das ist super!“

Mama Hannah legt ihr Buch zur Seite und schaut ihren Hund Timmy an. Timmy ist seit einem halben Jahr bei ihnen. Der kleine, weiße Mischlingsrüde mit dem schwarzen Fleck ums Auge kaut gerade selig an seinem Hundeknochen. „Hast du das gehört, mein Kleiner?“, fragt ihn Mama. „Wir machen heute noch einen Ausflug!“

Thomas' ältere Schwester Carola schlägt vor, zum nahe gelegenen Wald zu fahren. Dort hat Timmy allerlei Spuren zum Schnüffeln und kann noch kurz im Fluss baden. Timmy liebt Wasser. Alle sind einverstanden.

Mit vollem Magen steigt die Familie ein paar Stunden später aus dem Auto. Carola nimmt Timmy an die Leine und sie marschieren los. Der Weg schlängelt sich durch den Wald. Die Zweige der Fichten, Buchen und Eichen sind mit kräftigen, grünen Blättern bedeckt. Die Sonne scheint herrlich vom Himmel. Thomas beginnt ein Wanderlied zu pfeifen, das er in der Schule gelernt hat. Da meint Papa zwinkernd: „Kinder, ich bleib mal ein bisschen zurück.“ Mama nickt und zu dritt marschieren sie gemütlich weiter.

Timmy schnüffelt begeistert herum und hat großen Spaß. Da raschelt es plötzlich laut im Gebüsch neben ihnen. Timmy hebt den Kopf und starrt auf die dichten Zweige. „Ist das ein Tier?“, flüstert Thomas. „Vielleicht ein Hirsch?“, überlegt Carola mit gedämpfter Stimme. „Ich hoffe, es ist keine wütende Wildschwein-Mama!“, meint Mama Hannah beunruhigt. Da ertönt ein unheimliches Brüllen: „MUAAAAAH!“

Entsetzt springt Thomas einen Schritt zurück. „Was ist das?“, ruft er. Timmy beginnt zu knurren, dann bellt er und zerrt an der Leine. Carola schreit noch: „Nein, Timmy, nicht!“ Doch da hat sich der Hund auch schon losgerissen und springt ins Gebüsch. Aus dem „MUAAAH!“ wird ein „AUA!“. Die Stimme kommt Thomas sehr bekannt vor. „Hey, das ist ja gar kein Tier! Das ist …“, beginnt er. Da taucht auch schon der Kopf von Papa Georg aus dem Gebüsch auf. Er stolpert auf den Weg und reibt sich das Bein. „Timmy hat sich auf mich gestürzt“, beschwert er sich. Stolz kommt nun auch Timmy zum Vorschein und springt schwanzwedelnd um Papa herum.

„Tja, Georg, wenn du uns erschrecken willst, hast du die Rechnung wohl ohne Timmy gemacht!“, lacht Mama. „Und ein richtiger Hirsch klingt eigentlich auch anders als ‚MUAAAH‘!“, kichert Thomas erleichtert. Was für ein Spaziergang!

Fragen zum Text
Beantworte die Fragen **in ganzen Sätzen**.
Vergiss dabei nicht die **Großschreibung am Satzanfang** und den **Punkt am Satzende**.

1 An welchem Tag macht die Familie den Spaziergang? /1

2 Kennst du dich aus in der Familie? Verbinde und ordne so die Namen richtig zu. /2,5

Hannah	der Hund
Thomas	die Mama
Carola	der Sohn
Timmy	der Papa
Georg	die Tochter

3 Wie sieht Timmy aus?
Beschreibe ihn genau. Nenne drei Merkmale. /3

4 Warum denkt Carola, dass der Ausflug in den Wald für Timmy besonders schön sein wird? Nenne zwei Gründe. /2

5 Wer hält Timmy im Wald an der Leine? /1

6 Lies dir die folgenden drei Sätze durch. Welcher Satz steht wörtlich im Text? Kreuze an. /1

- ☐ Die Zweige der Fichten, Buchen und Eichen sind mit kräftigen Blättern bedeckt.
- ☐ Die Zweige der Fichten, Buchen und Eichen sind mit kräftigen, grünen Blättern bedeckt.
- ☐ Die Zweige der Fichten, Buchen und Eichen sind mit grünen, kräftigen Blättern bedeckt.

7 Der Papa sagt in der Geschichte: „Kinder, ich bleib mal ein bisschen zurück."
Was bedeutet dieser Satz? Erkläre in eigenen Worten. /2

8 In welcher Zeile steht, dass Timmy großen Spaß im Wald hat? /1

Zeile:

9 Überlege dir selbst ein anderes Wort mit ähnlicher Bedeutung für **marschieren** (Zeile 13). /1

10 Welche zwei Tiere vermuten Mama und Carola zunächst im Gebüsch, als sie das Rascheln hören? /2

11 Wer steckt tatsächlich im Busch und woran erkennt Thomas das? /2

12 Was hat Papa wohl gemacht, nachdem er zurückgeblieben war? Und warum? Vermute. /2

13 „Tja, Georg, wenn du uns erschrecken willst, hast du die Rechnung wohl ohne Timmy gemacht!", lacht Mama.

Was meint die Mutter mit diesem Satz? Erkläre mit eigenen Worten. /2,5

14 Suche die folgenden Sätze im Text und schreibe die Zeile(n) dazu. /3

„Wir machen heute noch einen Ausflug!"

Zeile(n):

Thomas beginnt ein Wanderlied zu pfeifen, das er in der Schule gelernt hat.

Zeile(n):

„Und ein richtiger Hirsch klingt eigentlich auch anders als ‚MUAAAH'!", kichert Thomas erleichtert.

Zeile(n):

Notenschlüssel:

1	2	3	4	5	6
26–24	23–21	20–17	16–13	12–7	6–0

Ich habe ________ Minuten gebraucht.

Ich habe ________ Punkte erreicht.

Note: ________

Lernzielkontrolle 6

Leseverstehen: einen Sachtext lesen; eigene Meinung bilden und formulieren; Informationen gezielt entnehmen, erschließen und in eigenen Worten wiedergeben; Unterschiede und Gemeinsamkeiten in Sätzen finden

Zeit: ca. 45 Minuten

Mittelalter – was ist das?

„Hussa!“ Das riefen die Leute in Europa früher anstatt „Hurra!“. Das war in der Zeit der Ritter und Königinnen, der Schlösser und Burgen und der Bauernkaten *(Kate = Hütte)*. Wir nennen diese Zeit das Mittelalter.

Das Mittelalter dauerte von 480 bis 1 500, also etwa tausend Jahre, und endete, als Columbus und andere Entdeckungsreisende sich aufmachten, den Rest der Welt zu erkunden.

Im Mittelalter war „zu Hause“ ein Schloss oder eine Burg (für die Reichen und die fürstlichen Persönlichkeiten) oder ein kleines Haus oder eine Kate (für alle anderen).

Die Leute lebten in kleinen Städten, die rings um eine Burg angelegt waren. Sie betrieben Ackerbau oder stellten Sachen her, mit denen sie untereinander handelten.

Der Burgherr war entweder ein König oder ein reicher, mächtiger Ritter im Dienste des Königs.

Damals war das Leben ziemlich gefährlich, denn Piraten, Räuber und feindliche Heere stellten eine ständige Bedrohung dar. Die Menschen lebten in der Nähe einer Burg, damit die Ritter des Königs sie beschützen konnten. Dörfer und Burgen waren von Mauern umgeben. In den Mauern waren Tore, die nachts zugesperrt wurden. Es wurden Wachtposten aufgestellt, um Reisende ausfindig zu machen, die sich dem Dorf oder der Burg näherten.

Die Leute lebten damals sehr einfach, doch einige begannen bereits Lesen und Schreiben zu lernen. Sie verkauften Waren auf Märkten und besuchten Jahrmärkte. Dort lernten sie viel Neues kennen, wie Gewürze, Seidenstoffe und Parfüm, aber auch Jongleure, Puppenspiele und Theateraufführungen.

Die Religion war sehr wichtig. Jeden Tag gingen die Leute in die Kirche oder in die Synagoge. Sie beteten, bevor sie abends zu Bett gingen, wenn sie morgens aufstanden und vor dem Essen.

Die Kinder der meisten Familien mussten bei der Arbeit helfen, sobald sie laufen konnten! Sie sammelten Feuerholz, pflückten Beeren und lasen von den Schafweiden Wollbüschel auf. Sechsjährige Mädchen mussten als Dienstmädchen arbeiten.

Im Alter von zehn Jahren arbeiteten die Kinder wie Erwachsene.

Den wohlhabenden Mädchen brachte man alles bei, was sie wissen mussten, um zu heiraten und Schlossherrinnen zu werden. Sie lernten, wie man Mahlzeiten und Festessen plant, wie man Verletzte heilt und wie man jungen Pagen *(Dienern)* gute Manieren beibringt. Mädchen lernten auch zu singen und ein Instrument zu spielen, sodass sie ihre Gäste mit Musik unterhalten konnten.

Die Söhne der Familien in den Schlössern und Burgen wurden zu Rittern ausgebildet.

Zuerst arbeiteten sie als Pagen in den Schlössern anderer Familien. Ein Page hatte die Aufgabe, bei Banketten *(Festessen)* zu bedienen und aufzuräumen. Im Teenageralter wurden sie Schildknappen eines Ritters *(sie machten dort also eine Ausbildung).* Bei Turnieren und in Schlachten trugen sie seine Ausrüstung und halfen ihm mit seinem Pferd und seiner Rüstung.
Gegen Ende des Mittelalters bekamen die Söhne und Töchter wohlhabender Familien Unterricht im Lesen und Schreiben, entweder in einer Schule oder von Privatlehrern.

Quelle: „Wir spielen Mittelalter. Eine Mappe zum Basteln, Malen, Kochen, Spielen, Lernen.“ von Laurie Carlson.

Fragen zum Text
Beantworte die Fragen **in ganzen Sätzen**.
Vergiss dabei nicht die **Großschreibung am Satzanfang** und den **Punkt am Satzende**.

1 Um welche berühmte Zeit geht es in dem Text? /1

2 Wie lange dauerte das Mittelalter? Wann endete diese Zeit? /2

3 Damals lebten die Menschen in Städten, die sich in der Nähe von Burgen befanden. Warum war das so? Erkläre genau. /2

4 Lies dir die folgenden Sätze durch. Welcher Satz steht wörtlich im Text? Kreuze an. /1

- ☐ Der Burgherr war ein König oder ein reicher, mächtiger Ritter im Dienste des Königs.
- ☐ Der Burgherr war entweder ein König oder ein reicher und mächtiger Ritter im Dienste des Königs.
- ☐ Der Burgherr war entweder ein König oder ein reicher, mächtiger Ritter im Dienste des Königs.

5 Welche Aussagen sind richtig, welche falsch?
Schreibe **r** für richtig und **f** für falsch vor die Sätze. /4

____ Eine Stadtmauer schützte die Bewohner vor schlechtem Wetter.

____ Die Menschen lebten damals sehr einfach.

____ In den Stadtmauern gab es Eingangstore, die man verschließen konnte.

____ Der Burgherr war ein König oder ein reicher Kaufmann.

6 Wofür wurden Wachtposten aufgestellt? Erkläre genau. /2

7 Wann beteten die meisten Menschen im Mittelalter? Antworte genau. /3

8 In welchen Zeilen steht ein Satz, der erklärt, dass die meisten Kinder bei der Arbeit helfen mussten, sobald sie laufen konnten? /1

Zeilen:

9 Schreibe in die Tabelle je zwei Beispiele, wie arme Kinder und reiche Kinder im Mittelalter lebten. /4

arme Kinder	reiche Kinder

10 Ersetze die dick gedruckten Wörter durch je ein ähnliches in derselben Wortart. /3

Den **wohlhabenden** Mädchen brachte man alles bei, was sie wissen mussten, um zu heiraten und Schlossherrinnen zu werden.

Sie lernten, wie man **Mahlzeiten** und Festessen plant, wie man Verletzte heilt und wie man jungen Pagen *(Dienern)* gute **Manieren** beibringt.

11 Suche zu folgenden Sätzen die passende(n) Zeile(n) im Text. /3

Sie betrieben Ackerbau oder stellten Sachen her, mit denen sie untereinander handelten.

Zeile(n):

Ein Page hatte die Aufgabe, bei Banketten *(Festessen)* zu bedienen und aufzuräumen.

Zeile(n):

Sie sammelten Feuerholz, pflückten Beeren und lasen von den Schafweiden Wollbüschel auf.

Zeile(n):

12 Würdest du gerne im Mittelalter Kind sein? Begründe deine Meinung genau. /2

Notenschlüssel:

1	2	3	4	5	6
28–26	25–23	22–19	18–14	13–9	8–0

Ich habe ________ Minuten gebraucht.

Ich habe ________ Punkte erreicht.

Note: ________

Lernzielkontrolle 7

Rechtschreibung: Diktat schreiben; eu oder äu richtig einsetzen; Lernwörter ihrer Wortart zuordnen und in die Grundform (Infinitiv) setzen; Nomen (Namenwörter) in den Plural (Mehrzahl) setzen; richtige Schreibweise auswählen; Wörter in Silben zerlegen; Wortfamilien bilden und zuordnen
Zeit: erster Teil: ca. 25 Minuten; zweiter Teil (Diktat): 20–30 Minuten

Detektiv Eumel im Einsatz

Hallo, ich bin der Kater Eumel. **Häufig** löse ich spannende Fälle, denn ich bin ein Hobby-Detektiv.
Neulich, an einem kalten Herbsttag, lief ich an einer **Kreuzung** bei den großen Nachbar**häusern** vorbei, da hörte ich plötzlich ein lautes **Geräusch**. Im Garten des einen **Gebäudes** wuchsen hohe **Kräuter**. „Hilfe!", ertönte es von dort **erneut**. **Neugierig** quetschte ich mich durch einen der **Zäune** und schlich mich auf die **Sträucher** zu. Darin raschelte es **laut**. „Diebe, **Räuber**! Meine Schätze sind weg!", jammerte da jemand. Es war mein **Freund Träumer**, das Eichhörnchen! **Freundlich** begrüßte ich ihn. Doch Träumer war ganz aus dem **Häuschen**. „Eumel, meine Wintervorräte sind mir geraubt worden! Das ganze Versteck hat man mir **ausgeräumt**." Ich sagte Träumer, er **bräuchte** sich nicht so sehr zu sorgen: „Im Namen unserer **Freundschaft**: Ich, Detektiv Eumel, werde dir helfen, die Übeltäter zu finden!" Als Erstes **beäugte** ich Träumers Versteck. **Heute** Morgen hatte er es erneut kontrolliert. Da waren die zwölf Haselnüsse noch da gewesen. In der weichen Erde konnte ich kleine, **undeutliche** Spuren entdecken. Wir **säuberten** das Erdloch und entdeckten dabei ein grau-**bräunliches** Haar. Schnell folgten wir den Abdrücken zu einem Loch unter den Ahorn**bäumen**. „Was ist denn hier los? Was macht ihr denn für laute Geräusche?", rief da die piepsige Stimme einer der **Mäuse**, die in diesem Loch lebten. Sie schaute neugierig zu uns auf und kaute etwas. Ihr Fell war grau-bräunlich. „Da haben wir wohl einen der Übeltäter", erklärte ich Träumer **überzeugt**.

1 In welcher Wortart stehen die dick gedruckten Lernwörter? Schreibe sie in der Grundform in die richtige Spalte. (Die Tabelle geht auf der nächsten Seite weiter.) /13,5

Nomen mit Artikel (Namenwörter m. Begleiter)	**Verben** (Tunwörter)	**Adjektive** (Wiewörter)

Nomen mit Artikel (Namenwörter m. Begleiter)	Verben (Tunwörter)	Adjektive (Wiewörter)
		Sonstige Wörter

2 Setze die folgenden Nomen (Namenwörter) in den Plural (Mehrzahl). Schreibe sie mit Artikel (Begleiter) auf. /6

das Haus		das Kraut	
der Strauch		der Traum	
die Maus		der Zaun	

3 Welche zwei Wörter passen jeweils zusammen? Male sie mit derselben Farbe aus. /10

häufig, Haufen, sauber, träumen, Räuber, ausräumen, brauchen, braun, Gebäude, rauben, Geräusch, rauschen, säubern, beäugen, bräuchte, Raum, Auge, Träumer, bauen, bräunlich

4 Setze richtig ein: eu oder äu? /7

Die M____se begehen die Tat h____te ern____t. Die erste L____ft zum Nussversteck in den Str____chern. Erfr____t be____gt sie die Haselnüsse. Schnell r____mt sie das ganze Versteck leer, ihre Fr____nde helfen ihr dabei. Zu Hause macht sie mit ihren L____ten einen Fr____dentanz, denn von so viel Essen hatten sie alle schon lange getr____mt. Dann schlagen sie sich die B____che voll. Was für eine B____te!

5 Zerlege die Wörter in Silben. Schreibe so: *er - le - ben* /6

Häuschen	☐	Freundschaft	☐
beäugen	☐	neu	☐
überzeugt	☐	neugierig	☐

6 Welche Schreibweise ist richtig? Lies jeweils von oben nach unten und kreuze an. /4

heufig	☐	däutlich	☐	noigierig	☐	säubern	☐
häufig	☐	deudlich	☐	näugierig	☐	soibern	☐
Häufig	☐	deutlich	☐	neugirig	☐	säupern	☐
heufik	☐	däutlig	☐	neugierig	☐	seubern	☐

7 Bilde ein verwandtes Wort aus der gleichen Wortfamilie in der vorgegebenen Wortart. Achte dabei auch auf die Groß- und Kleinschreibung! /3

Geräusch → ☐ (Verb/Tunwort)

überzeugen → ☐ (Nomen/Namenwort)

brauchen → ☐ (Adjektiv/Wiewort)

8 Lasse dir das Diktat Nr. 1 mithilfe der MP3-Datei diktieren und schreibe es auf.

Detektiv Eumel berichtet

Notenschlüssel: (erster Teil: Punkte aus Aufgabe 1 bis 7, zweiter Teil: Fehler im Diktat)

1	2	3	4	5	6
50–47	46–42	41–35	34–25	24–17	16–0
0–2	3–4	5–7	8–10	11–15	ab 16

Ich habe __________ Minuten gebraucht.

1. Teil: ______ Punkte, das ist die Note ______.

2. Teil: ______ Fehler, das ist die Note ______.

Gesamtnote: __________

Lernzielkontrolle 8

Rechtschreibung: Auslaute richtig schreiben und erklären; Diktat schreiben; Lernwörter ihrer Wortart zuordnen und in die Grundform (Infinitiv) setzen; richtige Schreibweise auswählen; Wörter aus Silben zusammensetzen; zusammengesetzte Nomen (Namenwörter) bilden
Zeit: erster Teil: ca. 25 Minuten; zweiter Teil (Diktat): 20–30 Minuten

Der **Ausflug**

König Peter saß in seiner **Burg** und war **trüber** Stimmung. „Der viele Regen, jeden **Tag** nur der dunkle **Wald** vor dem Fenster und meine einsame Burg auf dem **Berg** – das **schlägt** mir aufs Gemüt“, **sagte** er in **Wut**. „Ich brauche **Urlaub**!“
Zwei Tage **später lag** er bereits an einem **Sandstrand**. König Peter war mit dem **Flugzeug**, dem **Zug** und schließlich mit dem **Boot** dorthin gereist. Die Wellen **tobten wild** auf dem Wasser, die Sonne strahlte **gelb** vom Himmel herab und König Peter trank einen **lustig bunten** Saft. „Was für ein **Getränk**!“, freute er sich.
„Dieser Ausflug ist **tausend**mal besser, als in meiner Burg im Regen zu hocken.“ Da entdeckte er eine kleine **Schild**kröte, die sich über sein **Hand**tuch **schob**. Er **zog** sie auf seinen Schoß und **hob** sie vor sein Gesicht. Dann seufzte er **begeistert**: „Was für ein **Erlebnis**!“
Die **kluge** Schildkröte zwinkerte lächelnd zurück.

1 In welcher Wortart stehen die dick gedruckten Lernwörter? Schreibe sie in der Grundform in die richtige Spalte. (Die Tabelle geht auf der nächsten Seite weiter.) /16

Nomen mit Artikel (Namenwörter m. Begleiter)	**Verben** (Tunwörter)	**Adjektive** (Wiewörter)
		Sonstige Wörter

Nomen mit Artikel (Namenwörter m. Begleiter)	Verben (Tunwörter)	Adjektive (Wiewörter)

2 Harter oder weicher Auslaut?
Bilde zuerst den Plural (Mehrzahl), sodass du den richtigen Laut für den Singular (Einzahl) hörst: k oder g? t oder d?
Schreibe dann hinter dem Pfeil den Singular mit Artikel (Begleiter) auf die Zeile. /6

Plural (Mehrzahl)		**Singular** (Einzahl)
die Köni______	→	
die Ta______	→	
die Bur______	→	
die Wäl______	→	
die Ausflü______	→	
die Hän______	→	
die Ber______	→	
die Zü______	→	
die Boo______	→	
die Schil______	→	
die Geträn______	→	
die Län______	→	

3 Verlängere die Wörter, um den richtigen Auslaut herauszufinden. Setze sie dann richtig in die Sätze ein und ergänze vor dem Pfeil den fehlenden Buchstaben. /6

trü_____ → Die _______________________ Stimmung des Königs hellte sich wieder auf.

wil_____ → Die _______________________ Bootsfahrt auf dem Meer war spannend.

lusti_____ → Das _______________________ Gespräch mit der Schildkröte gefiel König Peter.

begeister_____ → Mit _______________________ Jubel telefonierte der König mit seiner Mama.

klu_____ → Seine Mutter stellte viele ___________________ Fragen.

bun_____ → Sein ___________________ Handtuch leuchtete am Strand.

4 Bilde mithilfe der eingekreisten Abbildungen und den Bildern außen herum zusammengesetzte Nomen (Namenwörter). Schreibe sie auf die Zeilen auf der nächsten Seite. /7

Handtuch

5 Erkläre die richtige Schreibweise mit einem verwandten Wort. /4

schlägt kommt von schlagen

sagte

lag

tobte

schob

6 Setze die einzelnen Silben zu ganzen Wörtern zusammen.
Schreibe sie richtig auf. /9

nig	Ge	tig	Kö	geis	ter	laub	lus	tob
be	Ur	spä	ten	Sand	tränk	strand	klug	tert

7 Welche Schreibweise ist richtig? Lies jeweils von oben nach unten und kreuze an. /4

lag ☐	tausänd ☐	Erlepnis ☐	trüp ☐
lak ☐	tausend ☐	erlebnis ☐	trühp ☐
laag ☐	tausent ☐	Erlebnis ☐	trüüb ☐
lahg ☐	Tausent ☐	Erlebniss ☐	trüb ☐

8 Lasse dir das Diktat Nr. 2 mithilfe der MP3-Datei diktieren und schreibe es auf.

König Peters Ansichtskarte

Notenschlüssel: (erster Teil: Punkte aus Aufgabe 1 bis 7, zweiter Teil: Fehler im Diktat)

1	2	3	4	5	6
52–49	48–44	43–37	36–27	26–19	18–0
0–2	3–4	5–7	8–10	11–15	ab 16

Ich habe __________ Minuten gebraucht.

1. Teil: ______ Punkte, das ist die Note ______.

2. Teil: ______ Fehler, das ist die Note ______.

Gesamtnote: __________

Lernzielkontrolle 9

Texte verfassen:
mit Stichpunkten arbeiten; eine Bildergeschichte schreiben (Überschrift, Einleitung, Hauptteil, Schluss)

Zeit: ca. 50 Minuten

1 Sieh dir die Bildergeschichte genau an. Achte dabei auch auf Kleinigkeiten! Schreibe dann zu jedem Bild Stichpunkte auf. (Diese sollst du später in deine Bildergeschichte einbauen.) /2

2 Schreibe nun deinen Aufsatz. /36
- Denke an eine gelungene Einleitung,
- einen spannenden Hauptteil,
- einen abrundenden Schluss und
- eine treffende Überschrift.

Notenschlüssel:

1	2	3	4	5	6
38–36	35–31	30–25	23–19	18–12	11–0

Ich habe ________ Minuten gebraucht.

Ich habe ________ Punkte erreicht.

Note: ________

Lernzielkontrolle 10

Texte verfassen:
passende Nomen (Namenwörter) und Adjektive (Wiewörter) sammeln;
Personenbeschreibung schreiben (Einleitung, Hauptteil, Schluss)

Zeit: ca. 40 Minuten

Sieh dir das Bild von Kapitän Flint in Ruhe an. Du sollst ihn später so beschreiben, dass man ihn sich genau vorstellen kann, ohne das Bild gesehen zu haben.

1 Sammle jeweils <u>zwei</u> treffende Wörter (Adjektive/Wiewörter oder Nomen/Namenwörter), die die einzelnen Körperteile und die Kleidung von Kapitän Flint richtig beschreiben. Schreibe sie in die Tabelle.
Überlege dir dann noch drei besondere Kennzeichen, die für Kapitän Flint typisch sind, und schreibe sie auf. /15

Körper		
Gestalt:	Kopf:	Ohren:
Augen:	Nase:	Mund:
Bart:		

Kleidung		
Hut:	Jacke:	Gürtel:
Hose:	Schuhe:	

besondere Kennzeichen		
1:	2:	3:

2 Schreibe nun eine Personenbeschreibung. /35

- Denke an einen passenden Einleitungssatz und einen abrundenden Schlusssatz.
- Verwende deine gesammelten Wörter aus der Tabelle.
- Schreibe abwechslungsreiche Satzanfänge.
- Halte eine sinnvolle Reihenfolge bei deiner Beschreibung ein:
  1. Körper, 2. Kleidung, 3. besondere Kennzeichen.
- Achte auf deinen Satzbau und die Grammatik.
- Vermeide Wiederholungen.

Notenschlüssel:

1	2	3	4	5	6
50–47	46–42	41–35	34–25	24–17	16–0

Ich habe ________ Minuten gebraucht.

Ich habe ________ Punkte erreicht.

Note: ________

Lernzielkontrolle 11

Texte verfassen:
wichtige Informationen einer Situationsbeschreibung erkennen und markieren; Briefumschlag richtig beschriften; sachlichen Brief schreiben

Zeit: ca. 45 Minuten

Die Situation:

Julia Janiky ist Klassensprecherin der Klasse 3 b der Sonnengrundschule in Mauerheim. Sie ist 9 Jahre alt.
Ihre Klasse plant für das Schuljahresende eine große Feier mit allen Eltern und vielen Verwandten. Dabei wollen die Kinder zeigen, was sie dieses Jahr in ihrem Theater-Projekt einstudiert haben. Das Stück heißt „Die Zauberklasse“. Um das Fest noch interessanter zu gestalten, möchte Julia den Zauberer Zauberfixx einladen. Sie hat ihn bereits bei der Eröffnung des neuen Kindergartens im Frühling dieses Jahres gesehen. Seine Zaubertricks haben ihr dabei sehr gefallen, besonders der Trick, bei dem er ein Kindergartenkind verschwinden ließ. Julia will vorschlagen, dass er diesen Trick mit ihrer Lehrerin, Frau Sonnik, machen soll. Das würden ihre Mitschülerinnen und Mitschüler sicher lustig finden. Am besten würde es ihrer Lehrerin passen, wenn Zauberer Zauberfixx am 28. Juni um 15 Uhr in der Schulaula zaubern würde.
Die Eltern der Klasse haben Geld gesammelt und würden damit Herrn Zauberfixx bezahlen. Alle Kinder möchten außerdem noch ein Autogramm des Zauberers haben.
Julia hat noch eine weitere Idee. Herr Zauberfixx könnte ja nach seiner Zaubershow einen seiner leichteren Tricks den Kindern beibringen, damit sie selbst auch ein bisschen zaubern lernen.
Julia möchte gerne wissen, ob Herr Zauberfixx kommen kann und wie viel Geld er möchte. Sie bittet um Antwort. Auf der Internetseite des Zauberers hat sie seine Adresse gefunden:
Hexergasse 2 in 16161 Magika.
Julia Janiky wohnt in der Schrebergartenstraße 10 in 18321 Mauerheim.

Das sollst du tun:

1 Lies dir die Situationsbeschreibung genau durch und markiere alle wichtigen Informationen mit einem bunten Stift. /2

2 Beschrifte nun den Briefumschlag auf der nächsten Seite mit dem korrekten Absender und Adressaten, sodass er bei Herrn Zauberfixx angekommen wäre. /4

3 Schreibe den Brief aus Julias Sicht an Herrn Zauberfixx. /36

Denke dabei an die formalen Kriterien eines Briefes, wie zum Beispiel

- Ort und Datum,
- eine passende höfliche Anrede,
- einen die Situation erklärenden Einleitungssatz,
- einen Text, der alle wichtigen Informationen nennt und alle wichtigen Fragen stellt,
- einen abrundenden Schlusssatz und
- höfliche Grußworte am Ende.

Brieftext:

Notenschlüssel:

1	2	3	4	5	6
38–35	34–30	29–24	23–17	16–10	9–0

Ich habe ________ Minuten gebraucht.

Ich habe ________ Punkte erreicht.

Note: ________